ANALISI DEL LIBRO

AF131984

Il nome della rosa

. . . .

UMBERTO ECO

ANALISI DEL LIBRO

Scritto da Claire Mathot
Tradotto da Sara Rossi

Il nome della rosa

UMBERTO ECO

UMBERTO ECO

ROMANZIERE E SAGGISTA ITALIANO

- **Nato ad Alessandria (Italia) nel 1932.**
- **È morto a Milano nel 2016.**
- **Opere degne di nota:**
  - *Il pendolo di Foucault* (1988), romanzo
  - *L'isola del giorno prima* (1994), romanzo
  - *Storia della bellezza* (2004), saggio

Lo scrittore italiano Umberto Eco è stato un prolifico scrittore di romanzi e saggi e la sua opera ha ottenuto riconoscimenti e consensi in tutto il mondo. Di formazione linguistica, si è specializzato in semiotica (lo studio dei segni e dei loro significati), filosofia e letteratura.

I suoi romanzi, tra cui *Il nome della rosa* e *Il pendolo di Foucault*, combinano abilmente intrighi polizieschi e riferimenti letterari e storici. Ha pubblicato anche opere più filosofiche, come *Storia della bellezza* e *Storia della bruttezza* (2007), in cui illustra come i concetti di bellezza e bruttezza si siano evoluti nel corso della storia analizzando sculture, dipinti e opere letterarie dall'antichità ai giorni nostri.

IL NOME DELLA ROSA

UN GIALLO MEDIEVALE

- **Genere:** romanzo
- **Edizione di riferimento:** Eco, U. (2004) *Il nome della rosa*. Londra: Vintage.
- **1ª edizione:** 1980
- **Temi:** omicidio, indagine, labirinto, biblioteca, storia del Medioevo, religione, veleno

Il nome della rosa è il primo romanzo di Umberto Eco.

È ambientato all'inizio del XIV secolo e segue i personaggi di Guglielmo da Baskerville e del suo scriba Adso da Melk mentre viaggiano in Italia durante un periodo di discordia religiosa. Mentre soggiornano in un'abbazia, una serie di omicidi sconvolge la pace della comunità. Guglielmo e Adso cercano di risolvere questi crimini e i molti misteri che circondano la biblioteca dell'abbazia. Le loro indagini li portano nella labirintica biblioteca dell'abbazia, dove cercano un libro misterioso.

SINTESI

Eco sostiene che *Il nome della rosa* si basa su un manoscritto contenente le memorie di Adso di Melk, un giovane monaco benedettino (i benedettini sono un ordine religioso che attribuisce grande importanza al lavoro intellettuale e fisico, compresa la copiatura di manoscritti). Da giovane, Adso viene inviato in Italia, dove diventa scriba e discepolo di Guglielmo da Baskerville, un monaco francescano (un ordine religioso i cui membri sono vincolati da un voto di povertà). Insieme, Adso e Guglielmo vivono una serie di eventi insoliti in un'abbazia dell'Italia settentrionale alla fine del 1327.

UNA STRANA MORTE

Guglielmo e Adso arrivano in una ricca abbazia benedettina situata su una montagna. Vengono accolti dall'abate e gli spiegano il motivo della loro visita: Guglielmo è stato inviato a incontrare i superiori benedettini per scoprire quali di loro sostengono l'imperatore. L'abate sospetta che Remigio sia stato membro di una setta eretica (cioè una setta che è stata condannata dalla Chiesa perché le sue credenze sono considerate contrarie alla vera fede) e si oppone fermamente a queste sette: "Uccideteli tutti; Dio riconoscerà i suoi" (p. 145). Chiede inoltre a Guglielmo e Adso di indagare sulla morte di Adelmo: è caduto da una delle torri della biblioteca in una notte di tempesta, ma non è chiaro se si sia trattato di suicidio o di omicidio.

L'abate lascia a William libertà di indagine: gli viene concesso il permesso di interrogare gli altri monaci e di indagare ovunque nell'abbazia, tranne che nella biblioteca, anche se questa è il luogo in cui si è consumato il crimine e, come William si rende presto conto, la chiave per comprendere gli eventi. Solo pochi eletti possono entrare nella biblioteca, che "si difende da sola" (p. 30); se si crede alle voci, è protetta dalla magia. Tuttavia, sebbene l'accesso alla biblioteca sia strettamente regolamentato, il piano in cui si trova è spesso illuminato di notte.

L'INDAGINE INIZIA

Guglielmo e Adso iniziano la loro indagine incontrando Ubertino di Casale (francescano italiano, 1259-1329), con il quale discutono delle divisioni sorte all'interno dell'ordine benedettino a causa di movimenti estremisti. Interrogano poi Severino, l'erborista, per capire se la caduta di Adelmo possa essere stata causata da allucinazioni dopo aver ingerito alcune erbe.

Poi si recano allo scriptorium, dove i monaci copiano i manoscritti, e vengono accolti da Malachia, il bibliotecario. Guglielmo raccoglie informazioni sulle illustrazioni di Aldemo. Quando scoppia una risata, i monaci colpevoli vengono severamente rimproverati da Jorge, un anziano monaco cieco, e ne nasce un dibattito sul ruolo del riso. In seguito, i due investigatori si recano alla fucina, dove interrogano Nicola, il maestro vetraio dell'abbazia.

UN SECONDO OMICIDIO

Il giorno dopo, durante le prime preghiere, dei servi spaventati irrompono nella chiesa e informano i monaci di aver trovato il corpo di Venanzio in una vasca piena di sangue di maiale. I due investigatori scoprono che sia Adelmo che Venanzio avevano fatto una richiesta a Berengario, il bibliotecario aggiunto, e incontrano Alinardo, che dice loro che è possibile entrare nella biblioteca attraverso l'ossario. Osservando la biblioteca dall'esterno, Gugliemo riesce a dedurne la disposizione.

Più tardi, Benno racconta a Gugliemo e Adso che Berengario era innamorato di Adelmo e che Adelmo avrebbe fatto di tutto per mettere le mani su un libro particolare che aveva cercato per molti anni. Quella sera, i due investigatori si intrufolano nello scriptorium e Gugliemo nota un'interessante pergamena con un messaggio in codice sul tavolo di Venantius. I due vengono interrotti da un misterioso visitatore notturno (Berengario), che ruba due libri e gli occhiali di Gugliemo.

Entrano poi nella biblioteca, che è assolutamente labirintica. All'ingresso di ogni stanza è scritto un versetto dell'Apocalisse (l'ultimo libro della Bibbia, più comunemente noto come Libro della Rivelazione). Ben presto si rendono conto che la disposizione della biblioteca è basata sulla geografia, con aree per l'Inghilterra, la Spagna, l'Africa e così via, ma non riescono a entrare nella stanza segreta *finis Africae*.

UN VELENO LETALE

Al mattino apprendono che Berengario è scomparso e poco dopo scoprono il suo corpo nei bagni. Quando Guglielmo e Severino esaminano il corpo, vedono che le punte delle dita di Berengario sono marroni, come quelle della vittima precedente. Severino sa quale veleno è all'origine di questo fenomeno: è scomparso dal suo laboratorio dopo la tempesta.

Adso incontra Salvatore e lo interroga su un eretico, Fra Dolcino. Guglielmo coglie l'occasione per spiegare ad Adso che gli eretici hanno i loro lati buoni e cattivi come tutti gli altri, e che la motivazione principale del Papa per denunciarli è che rappresentano una minaccia politica per lui. Tuttavia, questo non soddisfa la curiosità di Adso nei confronti dell'eresia e, quando chiede a Ubertino spiegazioni su Fra Dolcino, scopre che quest'ultimo criticò la Chiesa e ispirò una rivolta popolare che fu brutalmente repressa. Guglielmo e Adso interrogano allora Remigio, un ex discepolo di Dolcino.

UN LIBRO E I SUOI SEGRETI

In cucina, una giovane donna seduce Adso e i due passano la notte insieme. Guglielmo rimprovera l'amico dopo che questi gli ha raccontato le sue imprese notturne, ma gli concede un po' di tolleranza perché sa che la ragazza era una povera contadina che si prostituiva per sfamare la famiglia. Mentre discutono dei progressi dell'indagine, si rendono conto che gli omicidi corrispondono ai brani dell'Apocalisse. Inoltre, Guglielmo ha decodificato completamente il messaggio lasciato da Venanzio e ora sa che l'assassino sta cercando di impedire che alcuni segreti, contenuti in un libro, vengano alla luce.

Una delegazione francescana arriva all'abbazia. Essi ritengono che l'operato di Papa Giovanni XXII (1245-1334) non sia consono al suo ruolo, poiché accumula continuamente ricchezze e ha deciso di imporre una tassa sui peccatori. Arriva anche una delegazione da Avignone, guidata dal domenicano Bernardo Gui.

I due gruppi si incontrano per discutere della povertà di Cristo, del suo status e dell'atteggiamento degli ordini religiosi nei confronti degli eretici. Bernard Gui arresta Salvatore e una donna accusata di essere una strega.

I MISTERI DELLA BIBLIOTECA

Nel frattempo, Severino si rende conto che Berengario deve essere andato in ospedale prima di andare alle terme, perché trova nel suo laboratorio il libro che l'assistente bibliotecario aveva rubato dallo scriptorium. Tuttavia, il corpo di Severino viene ritrovato nel laboratorio, ma il libro non si trova da nessuna parte. I sospetti ricadono immediatamente su Remigio, che viene arrestato. Il suo processo è condotto da Bernard Gui, che è convinto della sua colpevolezza e lo interroga brutalmente.

William sospetta che Benno sia il ladro, perché sa che è disposto a tutto pur di scoprire i segreti contenuti nei libri della biblioteca. Tuttavia, Benno è appena stato nominato assistente bibliotecario: ora che ha legami con la biblioteca, non può parlare dei manoscritti.

Nicholas, il maestro vetraio, dice a William e Adso che la nomina di ogni nuovo assistente bibliotecario è stata accolta con critiche. Tornando allo scriptorium, Guglielmo inizia a chiedersi se gli omicidi possano essere motivati dalla feroce competizione per il posto. Avverte l'abate che la sua vita è in pericolo, poiché conosce i segreti della biblioteca.

Il giorno dopo, durante le preghiere del mattino, Malachia entra in chiesa barcollando prima di crollare. William nota che la sua lingua è nera, segno che è stato avvelenato, e si rende conto che tutte le vittime conoscevano il greco.

RISOLVERE IL MISTERO

William e Adso si recano di notte in biblioteca e si accorgono che c'è qualcuno all'interno. Finalmente riescono a entrare nella stanza segreta, dove trovano Jorge. Il monaco cieco ha avvelenato un libro contenente diverse opere (tra cui la *Poetica* [335 a.C. circa] di Aristotele [filosofo greco, 384-322 a.C.]) che parlano dell'importanza del riso divino, per impedire a chiunque di rivelare queste informazioni.

Risulta che tutte le vittime sono morte perché sono entrate in contatto con questo libro, tranne Adelmo, che si è suicidato dopo aver saputo del suo contenuto prima che Jorge avvelenasse il manoscritto. Il veleno ha ucciso le persone che hanno toccato le pagine del libro, cioè Venanzio, Berengario e Malachia. Severino fu ucciso da Malachia, che era innamorato di Berengario e pensava che quest'ultimo gli fosse stato infedele con Adelmo e Severino.

Dopo aver raccontato tutto, Jorge si suicida mangiando le pagine avvelenate del libro. Guglielmo e Adso cercano di salvare il manoscritto, ma una lampada cade e incendia la biblioteca e l'intera abbazia.

William e Adso lasciano l'abbazia e prendono strade diverse. Anni dopo, Adso ritorna e raccoglie tutte le pagine che può.

STUDIO DEL CARATTERE

LE PERSONE DEL MONDO
AL DI LÀ DELL'ABBAZIA

Adso di Melk

Adso di Melk, il narratore della storia, è un anziano monaco benedettino del monastero di Melk, in Austria. Quando si avvicina alla fine della sua vita, scrive un manoscritto in latino in cui racconta una delle sue esperienze formative, un'avventura di sette giorni in un'abbazia dell'Italia settentrionale. Il suo obiettivo è quello di lasciare un resoconto di questa avventura alle generazioni future, senza esprimere giudizi su di essa. Eco sostiene che questo manoscritto è stato successivamente tradotto in diverse lingue da vari scrittori e che lui stesso si è assunto il compito di tradurlo in italiano nel XX secolo.

Nel 1327, quando era novizio nel monastero di Melk, il padre di Adso lo portò in Italia, dove incontrò Guglielmo da Baskerville e divenne suo scriba e discepolo. Nonostante la giovane età, Adso cerca di comprendere i tumulti dell'epoca e prende il saggio e perspicace Guglielmo come modello per sviluppare le sue capacità di pensiero critico. È obbediente, insaziabilmente curioso e sempre desideroso di saperne di più, e segue William ovunque, tempestandolo di domande. La sua giovane età lo rende molto impressionabile ed è affascinato dal fervore di alcuni monaci, che li ha spinti all'omicidio e all'eresia, e dal misticismo, praticato da Ubertino.

Adso impara molto dalla sua esperienza nell'abbazia: scopre le passioni che governano l'umanità, ovvero l'amore, l'odio e il potere distruttivo dell'orgoglio, e acquisisce una maggiore comprensione delle questioni religiose e politiche del suo tempo, tra cui i conflitti tra papi e leader secolari, le varie forme di eresia e l'Inquisizione (un'istituzione giudiziaria della Chiesa cattolica creata per combattere l'eresia).

Guglielmo da Baskerville

Guglielmo da Baskerville è un dotto frate francescano e Adso da Melk è stato posto sotto la sua tutela, rendendolo una sorta di figura paterna per il giovane novizio. Ha circa 50 anni e viene descritto come alto e molto magro, con uno sguardo vivace. Nonostante i suoi occasionali momenti di apatia, è generalmente un uomo molto energico.

In precedenza è stato inquisitore in Francia e in Inghilterra, ma ha lasciato questo ruolo ed è venuto all'abbazia per incontrare una delegazione di francescani e partecipare a un dibattito teologico sulla povertà di Cristo. Lo scopo della delegazione è quello di concordare la posizione del loro ordine nei confronti del nuovo papa di Avignone. Si tratta di una questione molto delicata, perché rischia di provocare uno scisma all'interno della Chiesa.

Guglielmo è noto tra i monaci per la sua intelligenza, scaltrezza e curiosità. L'abate Abo gli chiede di risolvere il mistero dell'omicidio di Adelmo e, per facilitare il suo compito, gli concede il permesso di parlare con tutti e di girare liberamente per l'abbazia. Il suo approccio al mistero è molto razionale e si ispira a un suo amico, il filosofo e teologo inglese Guglielmo di Ockham (1285-1349), secondo il quale ogni problema può essere risolto con la logica. Uno dei suoi principali obiettivi nell'affrontare l'indagine è quello di risolvere il caso in modo razionale e, così facendo, dimostrare agli altri monaci che non c'è motivo di pensare che dietro a tutto ci sia il Diavolo, sebbene sia anche motivato da un senso di orgoglio intellettuale.

Eco si è ispirato per il personaggio di William a due figure, una reale e una immaginaria. Si tratta rispettivamente di Sherlock Holmes (il protagonista dei romanzi di Arthur Conan Doyle [1859-1930]) e di Guglielmo di Ockham, il che illustra chiaramente il valore che Eco attribuisce al pensiero razionale e logico.

Bernard Gui (noto anche come Bernardo Guidoni)

Questo personaggio è una figura storica realmente esistita. Era un frate domenicano e inquisitore, e nel romanzo è incaricato di ristabilire l'ordine nel monastero. È ipocrita, sarcastico e dominatore e, quando conduce il processo di Remigio, è talmente convinto della sua colpevolezza che non si fa scrupolo di fabbricare prove contro di lui. È un personaggio spaventoso che ama ostentare la propria autorità e incutere timore agli altri.

I PERSONAGGI DELL'ABBAZIA

L'abate Abo

Abo è il capo dell'abbazia francescana e chiede a Guglielmo di risolvere il mistero della morte di Adelmo. È orgoglioso delle ricchezze acquisite dal monastero e adotta una linea dura quando si tratta di eretici, arrivando persino a dire che dovrebbero essere giustiziati. È sopraffatto dagli eventi che si verificano nella sua abbazia, è preoccupato per la sua reputazione e cerca di mantenere l'ordine e la calma.

Jorge di Burgos

Jorge è il secondo monaco più anziano dell'abbazia ed è cieco. È rispettato dagli altri monaci, che sono impressionati dalla sua età e saggezza, e serve come confessore per molti di loro. È un convinto sostenitore delle regole del monastero e si rifiuta di tollerare il mancato rispetto delle stesse. Ad esempio, si oppone fermamente alle risate e alle chiacchiere, che secondo lui non hanno posto nell'abbazia.

Egli ha una visione particolarmente negativa del riso: secondo lui, è accettabile per i poveri, ma è del tutto inappropriato per le élite istruite (i monaci), perché se prendono l'abitudine di ridere, perderanno il rispetto e il timore per tutto ciò che dovrebbero ritenere più sacro, come Dio. Perciò considera il riso pericoloso per i monaci.

Alla fine scopriamo che Jorge è responsabile degli omicidi commessi nell'abbazia. Ha sparso del veleno sulle pagine del secondo volume della *Poetica* di Aristotele, che ha come argomento la commedia (e quindi il riso), in modo che i monaci troppo curiosi si avvelenassero. È talmente convinto che questa conoscenza del riso sia pericolosa che preferisce mangiare le pagine del libro, sapendo che il veleno lo ucciderà, piuttosto che vederne svelato il contenuto.

Salvatore di Montferrat

Salvatore soffre di una malattia e parla una lingua immaginaria composta da tutte le lingue che conosce. Dopo essere sopravvissuto a un massacro, ha vagato senza meta, fingendosi malato o povero per farsi compatire, prima di entrare nell'ordine. Viene arrestato da Bernard Gui per aver presumibilmente praticato la magia e parlato con una strega. Per certi versi, assomiglia a un animale.

Ubertino di Casale

Ubertino è un altro personaggio realmente esistito. Viene descritto come un vecchio eccentrico e appartiene a un movimento che sostiene la riforma dell'ordine domenicano per far sì che segua più da vicino gli insegnamenti di Cristo, in particolare praticando la povertà. Conosce i movimenti eretici e assume una posizione rigida nei loro confronti.

Remigio di Varagine

Quest'uomo corpulento è il cantiniere dell'abbazia, cioè si occupa del cibo e delle provviste. In precedenza apparteneva a un gruppo di eretici guidati da Fra Dolcino. Pur essendo entrato volontariamente nell'abbazia, non condivide le convinzioni religiose dell'ordine e non mantiene il voto di castità. È il principale sospettato dell'omicidio di Severino.

Benno di Uppsala

Secondo Guglielmo, Benno "ha una brama di conoscenza" (p. 387) e darebbe qualsiasi cosa per conoscere i segreti della biblioteca. Questo lo spinge a rubare il libro a Severino e poco dopo viene nominato bibliotecario aggiunto in sostituzione di Berengario, che è stato assassinato. In quanto custode della biblioteca, non può più divulgare alcuna informazione sui manoscritti.

LE VITTIME

Adelmo di Otranto

Questo giovane monaco, responsabile delle miniature (le illustrazioni dei manoscritti), è il primo a morire: cade dalla torre della biblioteca durante una tempesta di neve nel cuore della notte. Non è chiaro se si sia suicidato o se sia stato assassinato.

Venanzio di Salvemec

La seconda vittima è un esperto di lingua greca. La sera prima di morire aveva discusso con Jorge a proposito di una risata.

Il suo corpo viene trovato in un contenitore pieno di sangue di maiale. È stato ucciso perché aveva ascoltato una conversazione tra Adelmo e Berengario e perché aveva in mano il libro.

Berengario di Arundel

Berengario è l'assistente bibliotecario e diventa la terza vittima di un omicidio. Poiché soffre di convulsioni, fa spesso dei bagni caldi per calmarle. È qui che viene trovato morto durante la terza notte della storia. È stato ucciso perché ha rubato il libro, impedendo a William di capire perché il suo contenuto avesse spinto Adelmo al suicidio, cosa che gli avrebbe permesso di risolvere il mistero più rapidamente.

Severino di Sankt Wendel

Come erborista dell'abbazia, Severino si occupa dei bagni, dell'ospedale e dell'orto. Ha un'ottima conoscenza dei veleni e aiuta Guglielmo a esaminare i corpi delle vittime. Scopre il libro che Berengario aveva rubato, ma viene ucciso da Malachia il quinto giorno. Lui e William sono gli unici personaggi a scoprire il segreto mortale del libro.

Malachia di Hildesheim

Malachia è responsabile della biblioteca ed è molto attento a proteggerne i segreti. È innamorato di Berengario, ma quando sospetta che Berengario gli sia stato infedele, consegna a Bernard Gui le lettere che ha scritto sugli eretici. Quando Benno gli riporta il libro che gli era stato rubato, la sua curiosità finisce per farlo uccidere.

ANALISI

UN ROMANZO IBRIDO

Il genere è un elemento importante della storia letteraria, poiché classificare un romanzo come parte di un particolare movimento ci permette di comprenderne meglio le caratteristiche, le influenze e l'impatto. Tuttavia, alcuni romanzi, come *Il nome della rosa*, sfuggono a una categorizzazione diretta.

Il romanzo presenta le caratteristiche di almeno tre generi: il romanzo poliziesco, il romanzo storico e il *Bildungsroman*, noto anche come romanzo di formazione.

Il nome della rosa condivide le caratteristiche principali del romanzo poliziesco:

- La ricerca dei personaggi non si concentra sul futuro ma sul passato (un crimine, che di solito viene commesso prima dell'inizio della narrazione). Il personaggio che indaga sul crimine deve interpretare correttamente gli indizi che trova per capire cosa è successo e identificare il colpevole.

- L'indagine è il cuore della storia, il che significa che alcuni dei suoi personaggi rientrano in ruoli ben definiti (la vittima, il colpevole, l'investigatore). Tuttavia, molti scrittori si ispirano a questi tre archetipi.

- Il mistero si risolverà alla fine grazie al ragionamento logico.

Queste caratteristiche sono ben visibili nel romanzo di Eco: Guglielmo da Baskerville e Adso da Melk indagano inizialmente su un omicidio commesso prima dell'inizio della narrazione, ma la portata delle loro indagini si espande presto fino a comprendere una serie di altri crimini. Dopo una serie di colpi di scena, ovvero la serie di omicidi, la scoperta di indizi e le loro deduzioni, alla fine smascherano l'assassino.

Il nome della rosa è anche un romanzo storico, un genere che si caratterizza per le seguenti caratteristiche:

- il romanzo è ambientato in un particolare periodo storico, che tende a essere descritto in modo realistico;

- il romanzo presenta spesso un misto di personaggi di fantasia e di persone realmente esistite.

Il nome della rosa è ambientato nel Medioevo, all'inizio del XIV secolo. I personaggi importanti a cui si fa riferimento, tra cui papi e imperatori, e alcuni degli altri personaggi principali, come Bernardo Gui e Ubertino di Casale, sono figure storiche reali.

Inoltre, Eco sostiene che il suo romanzo è stato adattato da un autentico manoscritto medievale e descrive i conflitti religiosi e politici dell'epoca con il massimo realismo possibile. D'altra parte, sembra che i due personaggi principali siano immaginari, essendo stati inventati da Eco.

Infine, *Il nome della rosa* presenta molte delle caratteristiche del *Bildungsroman*. Questo tipo di romanzo segue un giovane personaggio, spesso durante l'adolescenza, mentre progredisce verso l'età adulta. Le esperienze vissute nel corso della storia plasmano la loro personalità, li costringono a diventare indipendenti, insegnano loro a conoscere il mondo e permettono loro di realizzarsi in un determinato campo e di raggiungere una maggiore saggezza.

Come spiega Adso nel romanzo, quando si recò all'abbazia era un giovane novizio. Le esperienze vissute lì e l'influenza di Guglielmo da Baskerville gli permisero di sviluppare le sue capacità di pensiero critico, di scoprire le passioni umane come l'amore, l'odio, la gelosia e la paura e di comprendere meglio i problemi del suo tempo, come l'eresia e l'Inquisizione.

Il nome della rosa è quindi un romanzo complesso sia dal punto di vista del contenuto che della forma: la sua ibridazione, in quanto combina i generi del romanzo poliziesco, del romanzo storico e del *Bildungsroman*, rende possibili molteplici letture e molteplici interpretazioni.

IL RUOLO DELLA RELIGIONE

Nel Medioevo, la religione svolgeva un ruolo importante nella vita quotidiana delle élite potenti e dei poveri. Nel X e XI secolo i monasteri tornarono alla ribalta come centri di attività religiosa, a partire dalla fondazione dell'abbazia di Cluny in Francia. Questo portò alla formazione di nuovi monasteri in tutta Europa. Durante il periodo in cui è ambientato il romanzo, la società tendeva a idealizzare i monaci, credendo che fossero al di sopra delle vanità del mondo e vivessero solo per servire Dio. C'erano due modi per entrare in un monastero: alcuni giovani nobili venivano inseriti nei monasteri come novizi quando erano ancora bambini e diventavano monaci (è il caso di Adso di Melk), mentre altri entravano nei monasteri più tardi nella vita, dopo aver fatto parte della società regolare.

La vita comunitaria era il cuore degli ordini monastici, che avevano ciascuno il proprio fondatore e le proprie caratteristiche. Ad esempio, alcuni monaci svolgevano lavori manuali, altri si dedicavano alla preghiera e alla contemplazione, altri ancora alla copia e alla conservazione dei manoscritti. I monaci viaggiavano spesso tra i diversi monasteri, il che facilitava la diffusione delle idee, e il loro livello di erudizione sempre più elevato li rendeva custodi del sapere.

In questo periodo furono fondate anche le prime università. In esse si insegnava non solo la dottrina religiosa (teologia), ma anche altre materie come la retorica, la filosofia araba, il diritto e la logica. Nacquero così nuove generazioni di monaci colti e istruiti che non avevano abbandonato la loro fede, ma non cercavano necessariamente una spiegazione divina per tutti i fenomeni. Ad esempio, il primo istinto di Guglielmo da Baskerville è quello di cercare una spiegazione razionale per gli omicidi nell'abbazia.

I due principali ordini religiosi del romanzo sono i francescani e i domenicani, entrambi ordini mendicanti (cioè che si recavano in altre città e villaggi per diffondere il messaggio di Dio) che concentravano i loro sforzi sulla predicazione e sulla conversione. Tuttavia, nel corso del tempo si sono sviluppate differenze significative tra i due ordini:

- i Francescani credevano nella povertà, come predicato dal loro fondatore Francesco d'Assisi (1182-1226 circa), e rifiutavano l'idea di proprietà personale o collettiva (anche se in seguito furono obbligati a unirsi in comunità monastiche);

- ai domenicani fu permesso di accumulare ricchezze.

Nelle università si diffusero presto le dispute, ovvero esercizi retorici che assumevano la forma di dibattiti verbali tra due persone o gruppi su una questione teologica. Questi dibattiti divennero talvolta così accesi da portare alla discordia tra diversi movimenti religiosi, o anche all'interno dello stesso ordine religioso.

Ad esempio, la questione della povertà di Cristo (se avesse o meno dei beni materiali) era un argomento pressante per i francescani. Sebbene in teoria i monaci non avessero beni, perché i monasteri e i loro libri appartenevano ufficialmente alla Santa Sede, in pratica possedevano oggetti di uso quotidiano perché vivevano nei monasteri e usavano gli oggetti che vi si trovavano.

All'interno dell'ordine francescano si manifestarono delle spaccature e Papa Giovanni XXII, di cui si parla nel romanzo, volle affrontare la questione mettendo in riga gli Spirituali (il nome dato ai francescani più radicali).

Quando Giovanni XXII condannò la dottrina della povertà assoluta di Cristo nel 1323, alcuni francescani si allearono con Luigi IV, imperatore del Sacro Romano Impero (1282-1347 circa), strenuo oppositore dell'autorità papale. Questa crisi religiosa ebbe quindi conseguenze politiche e le accuse di eresia si moltiplicarono.

Il confine tra "divergenza di opinioni" ed "eresia" è spesso molto sottile. Emergevano continuamente nuovi movimenti religiosi, ognuno con la propria dottrina, filosofia e riti. Alcuni di essi fondavano anche dei monasteri e tutti attiravano membri dai ranghi della popolazione regolare, in misura variabile. Questa proliferazione di ordini diversi era considerata pericolosa dalla Chiesa perché favoriva la divisione piuttosto che l'unità, per cui le autorità papali condannarono ufficialmente molti ordini come eretici (è il caso dei Dolciniani nel romanzo, per esempio).

 ## TUMULTI NEL XIV SECOLO

Durante il XIV secolo, l'Europa e la cristianità erano entrambe in crisi: i re e gli imperatori traevano la loro autorità dal Papa, ma cercavano l'indipendenza politica. Una disputa tra Filippo IV di Francia (1268-1314) e Papa Bonifacio VIII (1235-1303) lasciò l'intero continente diviso.

Filippo nominò allora un nuovo papa, Clemente V, che stabilì la sua corte ad Avignone, mentre il papa esistente rimase a Roma. Ciascuno dei due papi cercò di ottenere il sostegno dei leader politici e degli ordini religiosi per rafforzare la propria legittimità. Ciò diede origine a una vasta gamma di opinioni e idee diverse, dando luogo a una serie di aspre dispute. La Chiesa cattolica di Roma rispose istituendo l'Inquisizione per reprimere gli oppositori, che furono condannati come eretici.

INTERTESTUALITÀ

L'intertestualità può essere definita come il modo in cui un testo è collegato a uno o più altri testi. Questi collegamenti possono essere concentrati all'interno della storia e della narrazione (attraverso ciò che dicono i personaggi, il mondo che li circonda e così via), oppure possono essere rivolti direttamente al lettore in modi che non riguardano la storia, ad esempio attraverso allusioni, battute o riferimenti espliciti.

L'intertestualità può essere vista come una sorta di gioco tra l'autore e il lettore (il lettore cerca le allusioni lasciate dall'autore e la comprensione dei riferimenti intertestuali dimostra la sua consapevolezza culturale), ma può anche conferire nuovi significati alla narrazione e rendere possibili nuove interpretazioni del testo.

Il nome della rosa è ricco di intertestualità: Eco era un semiologo, linguista, storico ed esperto di lingue antiche, come il suo personaggio Guglielmo da Baskerville.

Guglielmo è un intellettuale con una curiosità insaziabile e totalizzante. Oltre alla *Poetica* di Aristotele, che ha un ruolo fondamentale nella storia, si interessa ad altri autori dell'antichità e a filosofi contemporanei come Tommaso d'Aquino (teologo italiano, 1225-1274), Ruggero Bacone (studioso e filosofo inglese, 1200-1292) e Guglielmo di Ockham. Questi riferimenti hanno tutti una funzione, in quanto indicano che Guglielmo da Baskerville segue le orme di questi filosofi e teologi, in particolare per quanto riguarda la sua metodologia e la sua logica.

Data l'ambientazione medievale, il romanzo presenta anche molti riferimenti a testi cristiani: i monaci discutono tra loro e all'ingresso di ogni stanza della biblioteca sono scritti dei versi dell'Apocalisse. Questi riferimenti sono chiaramente legati al periodo e al mondo in cui vivono i monaci (ad esempio, i versi dell'Apocalisse nelle stanze della biblioteca sono legati all'organizzazione della biblioteca e dei libri al suo interno).

L'elemento intertestuale più evidente del romanzo è il nome del protagonista, Guglielmo da Baskerville, che richiama alla mente i nomi di due uomini realmente esistiti, ovvero il personaggio immaginario di Sherlock Holmes e Guglielmo da Ockham.

- Il nome "William" è un riferimento al filosofo inglese Guglielmo di Ockham, il cui pensiero libero ispirò in vita sia ammirazione che paura.

- "Baskerville" si riferisce al romanzo *Il mastino dei Baskerville* (1902), il cui protagonista è Sherlock Holmes. Eco ha voluto stabilire un legame tra il suo personaggio e Holmes attraverso il loro comune metodo di indagine: entrambi gli uomini raccolgono indizi, privilegiano le soluzioni razionali rispetto alle spiegazioni soprannaturali e ragionano con calma per arrivare a una soluzione coerente.

Questa intertestualità, che è evidente al lettore ma non ai personaggi del romanzo, svolge un ruolo diverso rispetto all'intertestualità all'interno della narrazione. Un lettore che ha familiarità con i romanzi di Conan Doyle coglierà rapidamente il legame tra Guglielmo da Baskerville e Sherlock Holmes, e questo gli permetterà di comprendere meglio le sue azioni e riflessioni durante l'indagine.

UN ROMANZO LABIRINTICO

Il labirinto, che è allo stesso tempo un mito, una forma, una figura e un simbolo, è un'immagine ricorrente in diverse forme d'arte, compresa la letteratura, e in numerosi rami delle scienze umane. A causa della sua intricata costruzione, il labirinto è difficile da percorrere. Ha origine nella mitologia greca, dove era la casa del Minotauro e la scena della lotta del mostruoso mezzo uomo e mezzo toro con Teseo.

Da allora, l'immagine del labirinto è diventata una rappresentazione universale e senza tempo di un paradosso o di una sensazione di smarrimento. Può servire come rappresentazione metaforica della difficoltà o dell'impossibilità di raggiungere un particolare obiettivo, del senso di disperazione che accompagna il perdersi da qualche parte o della speranza di sfuggire a un inseguitore o a un antagonista.

I labirinti in *Il nome della rosa*

Questo romanzo contiene una moltitudine di figure e simboli labirintici:

* **La biblioteca:** in termini spaziali, la disposizione delle sale ha lo scopo di confondere il visitatore, e in termini spirituali, ospita sia "le opere che illuminano […] la ricerca" (p. 27) sia i libri che contengono "le menzogne degli infedeli" (p. 29). Il lettore deve quindi essere in grado di distinguere tra manoscritti buoni e cattivi.

* **Il mondo:** William spiega ad Adso che l'uomo non può capire la logica di un mondo creato da Dio e che i segni sono le uniche cose che ci permettono di orientarci.

* **Il contesto storico del XIV secolo:** I cristiani si scannano tra loro e nuove scuole di pensiero mettono in discussione la dottrina religiosa esistente. Diventa difficile stabilire chi

ha ragione e chi ha torto in un mondo di idee sempre più difficile da navigare.

- **I molteplici fili della trama:** il lettore segue più fili narrativi contemporaneamente (Chi è l'assassino? Dov'è il libro? Quali segreti nasconde la biblioteca?).

- **Letture diverse in base ai diversi generi:** il lettore può scegliere di concentrarsi sull'indagine poliziesca, sui riferimenti al progresso accademico del XIV secolo o sulle controversie religiose dell'epoca (la povertà di Cristo, le varie sette eretiche, ecc.), tra gli altri elementi.

- **Il manoscritto di Eco:** la storia assume la forma di una *mise en abyme* (la rappresentazione di un'opera all'interno di un'altra opera), dato che la narrazione si basa presumibilmente su un manoscritto entrato in possesso di Eco e che è esso stesso la traduzione del manoscritto originale di Adso. Questa tecnica spinge il lettore a interrogarsi su ciò che è vero e ciò che è falso per navigare in un altro labirinto.

Le numerose immagini del labirinto aumentano la complessità de *Il nome della rosa*.

Il simbolo del labirinto

In questa sezione esamineremo il simbolismo del primo e più evidente labirinto presente nel libro, quello della biblioteca. Questo labirinto contiene almeno tre metafore:

- In primo luogo, per i due personaggi principali, rappresenta la difficoltà di venire a capo del mistero che circonda i crimini commessi all'interno dell'abbazia. La struttura labirintica della biblioteca rende difficile la soluzione del mistero, soprattutto perché devono decifrare più codici in luoghi diversi. Nonostante questa difficoltà, William e Adso riescono a identificare il colpevole e a capire perché ha commesso gli omicidi.

- Inoltre, per Guglielmo da Baskerville, la complessità labirintica dell'organizzazione della biblioteca potrebbe rappresentare il fatto che la conoscenza è difficile (e, secondo Jorge di Burgos, pericolosa) da raggiungere: possiamo facilmente vagare o perderci sul cammino della conoscenza. Non possiamo accedervi facilmente (dall'esterno), ma il labirinto può anche rappresentare una prigione della conoscenza (vista dall'interno), accessibile solo a pochi eletti. Infine, William dice ad Adso che il raggiungimento di una maggiore comprensione del mondo è un processo caotico.

- La biblioteca labirintica è anche una metafora del processo di apprendimento di Adso, a volte complicato: gli eventi nell'abbazia gli insegnano le passioni umane, il mondo in generale e il posto che vuole occupare all'interno di esso (ad esempio, dopo la sua prima esperienza d'amore, prende la decisione consapevole di rinunciarvi). In questo modo, il labirinto può rappresentare la relativa difficoltà di accedere a cose lontane, sacre e talvolta pericolose, come la morte, l'amore e Dio. Il viaggio di Adso attraverso il labirinto con William simboleggia il suo ingresso nell'età adulta e una maggiore comprensione del mondo.

La biblioteca che William e Adso esplorano simboleggia quindi i misteri apparentemente impenetrabili che li circondano, la difficoltà e il potenziale pericolo di accedere alla conoscenza e il viaggio di Adso verso una maggiore conoscenza. L'incendio alla fine del romanzo rappresenta la fine della loro ricerca, l'impossibilità di conoscere e comprendere pienamente il mondo e l'ingresso di Adso nell'età adulta.

Fin dalla sua prima pubblicazione, *Il nome della rosa* è stato acclamato come un capolavoro, in gran parte per la sua ampia gamma di letture possibili. È allo stesso tempo un romanzo storico, un romanzo poliziesco e un romanzo di formazione, e la sua trama è complessa e ben strutturata. Si rivolge sia ai non addetti ai lavori, che possono leggerlo per divertirsi e rilassarsi, sia ai lettori più colti, che si troveranno immersi in un labirinto pieno di doppi significati e riferimenti intertestuali. Questa fusione di erudizione e trama veloce è senza dubbio il motivo principale della popolarità duratura del romanzo.

ULTERIORI RIFLESSIONI

ALCUNE DOMANDE SU CUI RIFLETTERE...

* *Il nome della rosa* presenta le caratteristiche di diversi generi. Quali sono? Spiegate la vostra risposta.

* Nel romanzo, i monaci discutono sulla povertà di Cristo. Perché si svolge questo dibattito? Chi si schiera da una parte e dall'altra? Quali argomenti vengono avanzati dai diversi partecipanti?

* I monaci discutono ripetutamente sulla risata e sulle sue origini. Quali teorie e argomenti vengono avanzati da ciascuna parte? Che ruolo hanno queste argomentazioni nella storia?

* Nel romanzo sono presenti molti elenchi. Identificatene alcuni. Qual è il loro scopo? Quale effetto vuole ottenere l'autore?

* Il romanzo è diviso in giorni e tempi di preghiera. Che effetto ha questa divisione?

* "Non tutte le verità sono per tutte le orecchie" (p. 29). A cosa si riferisce questa citazione? Secondo i diversi personaggi, la conoscenza dovrebbe essere censurata o meno? Cosa ne pensate?

* Nel racconto, William dice: "Spesso i libri parlano di altri libri" (p. 277). Commentate questa frase in relazione al romanzo nel suo complesso.

- "Bacone aveva ragione: il primo dovere dello studioso è imparare le lingue!" (p. 354). Spiegate in che modo la lingua gioca un ruolo cruciale nella storia.

- Quali sono le opinioni dei diversi personaggi sull'eresia? Eco cerca di rimanere neutrale o cerca di influenzare i suoi lettori?

- Dopo una conversazione con Ubertino, William dice: "Ho l'impressione che l'inferno sia il paradiso visto dall'altra parte" (p. 58). Che cosa significa questo nel contesto del romanzo?

ULTERIORI LETTURE

EDIZIONE DI RIFERIMENTO

Eco, U. (2004) *Il nome della rosa*. Londra: Vintage.

ADATTAMENTO

Il nome della rosa. (1986) [Film]. Jean-Jacques Annaud. Dir. Italia: Neue Constantin Film.

Vogliamo sapere da voi!
Lasciate un commento sulla vostra biblioteca online
e condividete i vostri libri preferiti sui social media!

www.50minutes.com

Master ISBN: 9782808690942
ISBN cartaceo: 9782808612340
Deposito legale: D/2023/12603/1514

Copertura: © Primento

Concezione digitale a cura di Primento, il partner digitale degli editori.